DE LA LOI
SUR LES ÉLECTIONS

POUR

COMPOSER LA REPRÉSENTATION NATIONALE,

PAR

M. J. R...,

ANCIEN SOUS-PRÉFET, CHEVALIER DE LA LÉGION-D'HONNEUR, MEMBRE DE PLUSIEURS SOCIÉTÉS LITTERAIRES.

PARIS,
CHEZ LEDOYEN, LIBRAIRE,
GALERIE D'ORLEANS, N° 33.

1831.

IMPRIMERIE DE GUIRAUDET,
RUE SAINT-HONORÉ, Nº 315.

TABLE

DES MATIÈRES.

FIN DE LA TABLE.

DE LA LOI

SUR

LES ELECTIONS.

CHAPITRE PREMIER.

OBSERVATIONS PRÉLIMINAIRES.

Une question d'une haute importance est soumise aux Chambres : il s'agit de déterminer quelles sont les modifications que les circonstances ont rendues nécessaires dans notre système électoral. Que les trois pouvoirs y prennent garde, il y va de tout l'avenir de la France, de sa prospérité et de ses libertés.

Quarante ans d'expérience nous ont appris que toute la constitution est là.

Ce fut à une mauvaise loi d'élection que nous avons dû la convention.

Ce fut un simulacre de mode électoral qui nous valut le despotisme de l'empire : car, au lieu d'une représentation nationale chargée de contrôler le pouvoir et de circonscrire son action dans de justes limites, la Chambre prétendue élective d'alors n'était en définitive qu'un conseil muet, chosi pour la forme par le souverain, et destinée à donner une apparence de légalité à ses décrets.

C'est pour avoir voulu s'isoler de l'opinion publique, par le moyen de la loi du double vote, que la restauration a tourné contre elle cette opinion.

C'est pour avoir voulu tenter d'étouffer la manifestation de l'opinion publique, que Charles X est tombé.

La composition de la Chambre élective exige d'autant plus de précaution, que son pouvoir est immense, sans contre-poids réel dans le gouvernement, et qu'elle s'appuie sur des masses qu'elle peut facilement remuer.

C'est elle qui donne l'impulsion au ministère, qui lui trace la marche qu'il doit suivre; et, bien que le roi ait la faculté de la dissoudre, ce droit est souvent illusoire, puisque les électeurs peuvent lui renvoyer les mêmes députés.

Ainsi, plus de remède au mal quand le mal est dans la loi : car les députés, produits de cette loi, se garderont bien de la refaire; et les électeurs, jaloux de leurs priviléges exclusifs, renverront les mêmes députés si on les consulte.

Il semblerait qu'après les nombreux essais qui ont été faits depuis quarante ans, l'opinion publique devrait être à peu près fixée sur les bases principales; le contraire arrive cependant, à en juger par toutes les exigences de quelques feuilles périodiques et des brochures dont nous sommes inondés sur cette haute question. Tous les systèmes les plus étranges sont mis en avant. On est généralement d'accord que la république est impossible avec notre organisation sociale, et cependant on veut adapter à nos sociétés modernes des institutions toutes républicaines. Et où va-t-on chercher les modèles de ces institutions? est-ce dans les républiques du moyen âge ou dans celles qui existent de nos jours? Non vraiment : car la forme de leurs gouvernements concentrait et concentre encore tout le pouvoir législatif et exécutif dans les mains de l'aristocratie, et c'est un élément dont on ne veut plus entendre parler aujourd'hui. On voudrait implanter parmi nous les institutions de quelques petites républiques anciennes, sans s'inquiéter de la différence du sol, qui n'a peut être plus assez de vertu pour les nourrir, sans examiner d'abord si nos mœurs, nos usages, n'ont pas changé tout-à-fait notre organisation sociale en rompant de fait l'égalité des membres de la société.

Comparons un instant les sociétés modernes aux sociétés anciennes. Cette digression ne sera pas inutile; elle fera mieux comprendre pourquoi l'élection populaire n'est possible que dans de certains cas, et pourquoi dans d'autres elle ne peut être admise qu'avec des restrictions plus ou moins étendues.

Les républiques anciennes comprenaient deux espèces de populations, les hommes libres et les esclaves.

Les premiers composaient seuls le corps social; les professions, les industries, les métiers étaient exercés par les esclaves; le commerce était abandonné à des étrangers qui n'avaient point droit de cité.

Les citoyens étaient non seulement égaux en droits, mais encore ils l'étaient de fait, car ils recevaient à peu près la même éducation, et ils n'avaient à s'occuper que des affaires publiques.

Pour que la fortune ne vînt pas établir d'inégalité entre eux, à Sparte une loi agraire avait fixé les parts de chacun, et elles étaient indivisibles.

Du reste, dans la plupart de ces états, il n'y avait point, à proprement parler, de liberté individuelle. La société collective pouvait seule se dire libre. L'individu n'était rien qu'un membre du corps social, auquel il remettait tous ses droits, toute sa liberté. C'était à ce corps à régler ses moindres actions, l'emploi de son temps, son éducation, même ses repas, enfin à disposer de sa vie et de sa personne.

Dans des sociétés organisées de la sorte, l'élection populaire ne présente aucun inconvénient. Tous les citoyens n'ont qu'un seul intérêt, qui est celui de la chose publique. Ils seront indépendants dans leurs votes, car la nature de leur fortune ne les place pas dans la dépendance de tel autre citoyen qui les emploie. Ils seront aptes à choisir, parce qu'ils vivent ensemble sur la place publique, qu'ils se livrent aux mêmes occupations, et qu'il n'y a de différence entre eux que celle que la nature a pu mettre dans leurs facultés intellectuelles.

L'organisation sociale moderne est plus conforme à l'humanité. En Europe, et particulièrement en France, il n'y a ni esclaves ni serfs. Tous les individus sont membres du corps social et sont égaux en droits devant la loi. Mais cette égalité que la loi établit en principe existe-t-elle de fait? Non.

Le commerce, les arts libéraux, l'industrie, les métiers, sont exercés avec une activité incroyable par l'immense majorité de la population. C'est l'unique fortune, le seul moyen d'existence d'une foule d'individus. Ils vivent au jour le jour, et le travail de la veille paie le pain du lendemain. Mais, pour que l'artisan travaille, il faut que le riche consomme, il faut que le commerçant trouve un prompt débit des produits fabriqués qu'il exporte. L'artisan est donc dans la dépendance du consommateur et du commerçant

Un riche manufacturier a souvent à sa solde la population entière d'un village.

Ces hommes laborieux seraient-ils indépendants s'ils étaient appelés à émettre un vote public? Non, cela est impossible : ils voteraient sous l'influence de celui qui les emploie.

Seraient-ils capables de bien juger ce qui convient aux besoins du pays? Encore moins. Ils n'ont pas le temps de s'occuper des affaires publiques, et les besoins de leur nombreuse famille et leur intérêt personnel, voilà leur unique affaire.

Dans nos sociétés modernes, nous vivons pour nous, et non pas pour le corps social. Nous voulons une liberté individuelle aussi étendue que possible. Ce n'est qu'avec impatience que nous nous soumettons aux restrictions qui sont commandées par l'intérêt général; il faut que le pouvoir de la loi s'exerce d'une manière insensible.

Et cependant, cette soif d'indépendance, cette antipathie pour toute domination, pour toute supériorité, ne nous inspirent pas le goût de nous mêler journellement des affaires publiques. Nous voulons que tous nos droits nous soient assurés sans avoir à veiller continuellement pour les conserver.

Enfin, confessons-le, les sociétés anciennes n'existaient que par l'amour de la patrie, tandis que l'intérêt est presque le seul lien des sociétés modernes.

En jugeant avec autant de sévérité notre époque, je ne préjuge rien pour l'avenir, je ne parle que du moment présent. Nous sommes tels, parce que nos institutions nous ont toujours écartés des affaires publiques; mais nul doute que le gouvernement représentatif, qui est dans l'esprit du siècle, dans le goût des peuples, et qui remplacera bientôt sur la terre, ou du moins en Europe, toutes les autres formes de gouvernement, n'amène de grands changements dans nos mœurs, dans notre caractère national. Malgré tous les vains efforts de l'absolutisme, une ère nouvelle commence pour les nations. Le dix-neuvième siècle a sonné l'agonie des monarchies absolues, et si les peuples ne retrouvent pas toutes les vertus et tout le patriotisme des anciens, qui ne sont plus compatibles avec nos nombreuses relations d'intérêt, du moins leur amour pour l'indépendance et le désir de la conserver leur donneront une nouvelle énergie qui les rendra capables de grandes choses.

CHAPITRE II.

SITUATION DE LA FRANCE DEPUIS LA RÉVOLUTION DE 1830.

Dans l'état actuel des choses, si tous les citoyens doivent être égaux devant la loi quand il s'agit du règlement de leurs intérêts matériels, il n'est pas vrai de dire que la loi doit leur reconnaître à tous les mêmes droits politiques, car tous ne sont pas également aptes à les exercer. La société ne peut pas, ne doit pas confier le soin de sa conservation à ceux qui ne sont pas en état de la défendre, ou qui n'ont pas un intérêt direct à sa prospérité.

Eh bien! cette vérité incontestable, cette vérité si simple, démontrée par quarante années d'expérience, éprouve depuis la révolution de juillet les plus vives controverses. C'est pour avoir manifesté l'intention de la maintenir dans nos lois, comme un principe, que la Chambre des députés s'est vue en butte à toutes les attaques de la presse, et qu'un ministre d'une rare capacité a été contraint de se retirer.

On a dit à ce sujet que la Chambre et M. Guizot voulaient traîner la France à la remorque, qu'ils n'étaient pas dans l'esprit de la révolution, qu'ils ne la comprenaient pas; mais ne pourrait-on pas demander avec plus de raison aux auteurs de cette étrange accusation si ce n'est pas plutôt eux qui entraînent la France en dehors de la révolution, qui veulent donner à l'opinion une autre direction.

Qu'est-ce que la presse périodique a réclamé pendant quinze ans? Qu'est-ce que l'opposition a demandé constamment à la tribune nationale depuis la restauration? La Charte, rien que la Charte de 1814, exécutée franchement avec toutes ses conséquences.

N'est-ce pas pour avoir violé ce pacte que la branche aînée a été expulsée du trône? N'est-ce pas au cri de *Vive la Charte* que l'insurrection a commencé, et le but avéré de la révolution n'était-il pas de maintenir la Charte? Eh bien! la Chambre élective a fait plus que la révolution ne demandait d'abord. Dans l'intérêt du pays, elle a cru pouvoir modifier le pacte fondamental, dont l'expérience avait démontré les imperfections. Elle a proclamé le principe de la souveraineté du peuple, et elle a déposé en son nom et conditionnellement le pouvoir exécutif dans les mains d'un nouveau souverain.

Comment se fait-il que les 221, qui étaient appelés les libérateurs de la France il y a six mois, et pour lesquels il n'y avait point assez de couronnes, soient aujourd'hui l'objet de toutes les attaques? C'est que la révolution a été au-delà de leur attente. Elle a changé de but, de direction.

Des ambiteux ont tenté d'exploiter les circonstances; ils ont voulu s'emparer de l'esprit des masses dans le moment qu'elles étaient encore échauffées par la victoire; ils ont pensé qu'il fallait se hâter d'attaquer un gouvernement à sa naissance, car plus tard il aurait eu le temps de se fortifier.

Mais quelques intrigants à la tête d'une poignée de prolétaires qui sont toujours à la disposition du parti qui les paie, quelques jeunes imaginations qui veulent faire du romantisme en politique comme en littérature, ne sont pas une puissance bien formidable dans la nation, et la Chambre n'en est pas réduite à marcher à leur suite en sacrifiant les destinées de la France, ou à craindre d'exciter une explosion générale par sa résistance. Si les choses en venaient jamais là, il faudrait désespérer de consolider le bonheur d'un tel peuple, né pour le despotisme et indigne de jouir d'une liberté qu'il ne saurait comprendre ni conserver.

Toutefois la Chambre sentira que la situation des choses est changée. Sans renoncer au principe qu'il ne faut introduire dans le gouvernement que ceux qui peuvent le comprendre et qui sont intéressés à son maintien, elle doit y admettre des masses assez nombreuses pour qu'elles puissent résister, au moins par la force de l'opinion, aux masses qui en sont exclues.

Si, depuis 1814 à 1830, les classes inférieures sont restées paisibles et étrangères aux discussions politiques, si elles ont paru donner leur démission des affaires publiques pour demeurer spectatrices de la lutte engagée entre le gouvernement et la propriété moyenne, il ne faut pas s'y tromper. Ce serait être dupe de ce calme apparent que de croire qu'il eût continué dans le cas où le gouvernement se serait confié franchement à la propriété moyenne représentée par cent écus de contributions. Cette base était trop étroite pour la France. Elle excluait trop de lumière, trop de capacités qui savaient s'apprécier et qui s'indignaient d'être en dehors du mouvement. Mais le simple bon sens leur indiquait que leur tour n'était pas encore arrivé. Leurs exigences devenaient intempestives tant que celles de la propriété moyenne étaient repoussées.

Ce fut pour soutenir cette lutte avec plus d'avantages que le gouvernement appela à son aide la haute propriété en établissant les grands colléges. Alors sa position devint meilleure. L'opinion publique se trouvait protégée. La haute et la moyenne propriété avaient des intérêts différents, et le gouvernement pouvait s'appuyer sur l'une ou sur l'autre, et rester étranger à la guerre, qui se trouvait transportée entre les deux propriétés.

S'il eût manœuvré habilement, il aurait pu conserver encore long-temps la position avantageuse qu'il s'était créée. Mais ses fautes n'ont pas tardé de faire naître des défiances, et le péril commun a réuni les deux classes d'électeurs, bien que divergents d'opinion. Ne trouvant d'appui nulle part, il a imprudemment brisé la digue qui contenait les classes inférieures. Il a, dans sa crédule confiance, franchi le rempart que la Charte avait élevé, en faveur de la démocratie, contre les empiètements du pouvoir. La querelle a été bientôt décidée.

La révolution de 1830 a mis la haute propriété hors de cause; elle pourra assister aux élections en amateur, mais non dans l'espoir d'y faire admettre ses candidats.

Maintenant la lutte est ouverte tout naturellement entre la propriété moyenne, qui est demeurée maîtresse du champ de bataille, et les classes inférieures, qui veulent être admises dans le gouvernement, soit en masse, soit proportionnellement, soit au seul titre de la capacité intellectuelle.

Dans l'examen de cette haute question, les trois pouvoirs n'ont pas à considérer si la violence de l'attaque sera plus forte que la résistance qu'on pourra lui opposer; mais quelles sont les concessions que la raison et l'expérience indiquent comme pouvant être faites sans que les destinées de la France soient compromises?

Dans de telles circonstances, il faut un peu compter sur le bon sens national : car on pourrait tout-à-fait se tromper dans l'appréciation des forces respectives.

CHAPITRE III.

DE LA NÉCESSITÉ DE METTRE LE CORPS ÉLECTORAL EN HARMONIE AVEC LA GARDE NATIONALE.

La révolution de 1830, ou plutôt la nécessité, a formé une puissance formidable dans la nation : c'est la garde nationale.

Cette garde doit comprendre tous les hommes valides de vingt à soixante ans. Sur une population de trente-deux millions d'habitants, quatre millions seulement sont susceptibles d'en faire partie d'après les calculs qui ont été faits à ce sujet. Les femmes, les vieillards, les jeunes gens au-dessous de vingt ans, les prévenus, les condamnés, la population des hospices, les vagabonds, composent vingt-huit millions. Ainsi il n'y a que quatre millions de population active, agissante ; c'est là seulement qu'il faut chercher la nation, et l'on peut dire que la garde nationale c'est toute la nation sous les armes.

L'expérience a prouvé qu'on ne pouvait employer les troupes soldées qu'à la guerre extérieure ; mais que, dans le cas de troubles, d'émeutes populaires, le déploiement d'une force militaire, pour ramener par la violence les citoyens à l'exécution des lois, ne faisait qu'irriter, qu'exaspérer les esprits, et que rendre la résistance plus opiniâtre.

D'ailleurs, dans une société qui veut s'administrer elle-même, et où les réunions publiques seront fréquentes dans les moindres localités, on doit s'attendre que les émeutes se renouvelleront souvent; et, comme il est impossible d'avoir des troupes soldées sur tous les points, il faut de toute nécessité confier la tranquillité publique à la garde des citoyens.

Ainsi c'est la garde nationale qui demeure seule chargée de prêter force à la loi, et c'est sous sa sauvegarde que les trois pouvoirs discutent les lois et administrent.

Ne sera-t-elle jamais une garde prétorienne? Je ne le pense pas : elle est composée de citoyens qui sont tous intéressés à l'ordre, et qui auraient trop à perdre dans un bouleversement général. Mais prêtera-t-elle son assistance avec la même énergie dans toutes les occasions? S'il s'agissait d'un impôt qui déplût à une classe de contribuables, forcerait-elle les redevables à l'acquitter? Si la chambre élective n'était pas appuyée sur une large base, et que ses opinions ne fussent pas en harmonie avec celles de la portion éclairée de la nation, la garde nationale repousserait-elle les attaques que des factieux voudraient diriger contre elle?

Il ne faut pas oublier que les baïonnettes de la garde nationale sont intelligentes. On ne peut espérer d'elles une obéissance passive : elles calculent, elles raisonnent leur obéissance, et, comme dans un moment de mécontentement on raisonne souvent contre son intérêt, il pourrait bien arriver que la garde nationale ne sentît pas toujours toutes les conséquences d'un refus d'agir.

Ainsi c'est un motif de plus pour admettre le plus d'individus possibles dans le corps électoral, afin que la chambre élective soit bien l'expression de l'opinion moyenne, et que les rangs de la garde nationale se trouvent placés sous l'influence d'un grand nombre d'électeurs.

CHAPITRE IV.

CE QUE C'EST QUE L'OPINION PUBLIQUE EN MATIÈRE POLITIQUE.

J'entends chaque parti se plaindre de ce que le ministère ne marche pas avec l'opinion publique, de ce que la Chambre n'est pas l'expression de l'opinion publique : ils devraient bien d'abord nous définir l'opinion publique, et nous dire où ils l'ont trouvée?

Consultez les voeux de tous les partis, et vous reconnaîtrez qu'il n'y a non seulement unanimité, mais même majorité, sur aucune question politique. Chacun conçoit l'organisation de la société et la conduite du gouvernement d'une manière différente, selon son intérêt, et cet intérêt varie suivant la position sociale. Or, depuis le prolétaire, qui désire l'anarchie, parce qu'il espère qu'elle améliorera sa position, jusqu'au millionnaire, qui tremble que le moindre mouvement ne dérange son bien-être, et qui frémit au mot d'amélioration, qui lui semble contenir une révolution tout entière, il y a bien des positions diverses dans la société.

Si l'on divisait celle-ci en plusieurs catégories, où

les individus seraient rangés d'après leur fortune, il est évident que chacune d'elles aurait des intérêts différents et une opinion différente. Ainsi, l'on a vu les grands colléges se montrer opposés au mouvement, et placer tout le bonheur de la société dans le *statu quo*. On a vu la propriété moyenne, représentée par cent écus, se mettre à la tête des progrès et du mouvement. Il est vraisemblable que les classes inférieures, si elles étaient appelées à manifester leurs opinions, seraient beaucoup plus turbulentes, puisqu'elles traitent aujourd'hui la propriété moyenne d'aristocratie égoïste et immobile.

Au milieu de tous ces intérêts divergents, de ces jalousies d'un côté, et de ces terreurs paniques de l'autre, où trouver l'opinion publique?

Appellera-t-on ainsi celle à laquelle se rallient le plus grand nombre d'individus? Mais alors ce serait l'opinion des dernières classes de la société, car elles sont les plus populeuses. La population des classes diminue à mesure qu'elles s'élèvent, et l'on peut dire que sous ce rapport la société est construite comme une pyramide, dont le roi occupe le sommet, et les prolétaires la base. Ceux qui possèdent forment les assises intermédiaires. Cette base, il est vrai, est fort mobile, mais elle est contenue par la charge qu'elle supporte. C'est ainsi qu'une pyramide se maintient en équilibre par son propre poids sur un fond de sable.

Il n'y a donc pas, à proprement parler, d'opinion publique en matière politique, dans le sens qu'on pourrait l'entendre, c'est-à-dire qu'il n'y a pas d'opinion à laquelle se rattachent toutes les classes du corps social; mais l'on peut définir l'opinion publique une opinion fictive, terme moyen de toutes les opinions diverses, de même que l'intérêt général est le terme moyen de tous les intérêts particuliers.

Cette vérité démontrée, on comprend déjà que, si l'on confiait la composition de la chambre élective à une seule classe ou à quelques unes seulement, on n'obtiendrait pas par ce moyen une véritable représentation nationale; elle s'éloignerait d'autant plus de l'opinion publique que le nombre des intérêts appelés à sa composition serait plus restreint.

CHAPITRE V.

DES DEUX MANIÈRES DE COMPOSER LA REPRÉSENTATION NATIONALE.

La chambre élective peut être l'expression de tous les intérêts divers rassemblés en un même collége et obligés de s'entendre sur un choix. Dans ce cas, elle est l'image de l'opinion moyenne, elle ne doitappartenir à aucune classe de la société, elle ne représente aucune nuance d'intérêts.

Elle peut aussi être formée à l'instar de la société, c'est-à-dire composée de représentants spéciaux de toutes les opinions et de tous les intérêts matériels, appelés, chacun séparément, à se faire représenter.

Examinons les avantages et les inconvénients de ces deux formes de représentation.

La première a ce désavantage qu'elle ne satisfait personne et que chaque intérêt peut se plaindre de ne pas être représenté. Et d'abord, remarquons aussi qu'elle ne peut exister qu'en théorie, et qu'il est impossible dans l'exécution d'atteindre le but qu'on se propose.

En groupant tous les intérêts en un même collége, où toute discussion est interdite, et où l'on ne s'éclaire pas mutuellement sur les besoins du pays, il ne s'établit pas d'opinion moyenne. Chaque nuance d'opinion arrive avec une force numérique, qu'elle conserve, et celle qui réunit le plus grand nombre de voix fait seule l'élection, à l'exclusion de toutes les autres. La minorité, pour s'être trouvée trop faible, souvent d'une demi-voix, se voit privée de représentation.

Qu'arrive-t-il dans un collége où chaque branche de l'économie politique se trouve représentée par un petit nombre d'électeurs, où tous les intérêt matériels ne réunissent chacun en leur faveur qu'une faible minorité? Que tout se résout en une question politique. L'assemblée se partage en deux camps, l'aristocratie et la démocratie ; on ne s'occupe plus de donner des représentants capables au commerce, à l'industrie, à la haute et à la petite pro-propriété, aux facultés intellectuelles, à la magistrature, au barreau; la lutte n'est ouverte qu'entre les classes supérieures et les classes inférieures, et la victoire reste au plus fort. S'il se trouve parmi les députés des commerçants, des industriels, des magistrats, des savants, etc., ce n'est point à ce titre qu'ils ont été nommés, on n'a pas examiné leur capacité sous ce rapport ; ils ne représentent qu'une nuance d'opinion. En un mot, ce mode d'élection a ce vice de n'atteindre que les notabilités d'opinion politique, et nullement les capacités spéciales.

Signaler les défauts de cette première forme de représentation nationale, c'est indiquer les principaux avantages de la seconde. En appelant chaque branche de l'économie politique à nommer séparément son représentant, nulle doute qu'on donnera une meilleure direction aux élections. Au lieu de ne traiter dans tous les colléges qu'une seule question politique, tous les intérêts matériels de la société seront discutés par diverses classes d'électeurs capables de bien apprécier chacun d'eux.

Les électeurs ne rechercheront plus dans les candidats qu'une seule garantie, celle de l'opinion; ils leur demanderont avant tout des connaissances pratiques, une capacité spéciale.

De cette manière la Chambre élective sera réellement la collection de toutes les hautes capacités dans tous les genres. Les projets de loi seront discutés par des praticiens habiles, qui ne seront pas obligés, pour comprendre l'utilité des mesures qu'on propose, d'aller faire leur éducation au-dehors de la chambre, et de s'adjoindre des commissions d'experts, comme cela arrive souvent.

Me dira-t-on que, chaque intérêt n'ayant qu'un petit nombre de représentants, toutes les questions seront toujours décidées par une majorité qui leur sera étrangère? Je ne nie pas l'objection, mais elle est la même dans les deux modes d'élection; et dans celui-ci on est au moins assuré qu'une minorité habile, capable, aura jeté dans la discussion une vive lumière. La majorité se rangera à son avis, parce qu'elle y sera conduite par la force de ses raisonnements, par la conviction. Elle aura confiance en elle, parce qu'elle ne pourra mettre en doute son expérience et ses connaissances pratiques.

Les questions politiques, n'exigeant pas de connaissances spéciales, et étant à la portée de tout le monde, seront tout aussi bien traitées dans une assemblée composée de la sorte. Tous les hommes se rallient à une même idée quand il s'agit de changer quelque chose à l'indépendance ou aux priviléges de leur position sociale, et il serait absurde de croire que des députés seront plus indifférents aux libertés publiques parce qu'ils seront d'habiles négociants ou industriels, de profonds jurisconsultes, de savants professeurs, ou des militaires célèbres.

N'oublions pas un des principaux avantages de cette manière de composer la Chambre élective : c'est celui de permettre d'appeler sans inconvénients un plus grand nombre d'électeurs.

L'élection ayant bien plus pour but d'atteindre les capacités spéciales que les opinions politiques, tous les individus qui exercent la profession qui doit être représentée sont presque susceptibles d'être appelés comme électeurs. Il est tel que vous repousseriez d'un collége unique parce qu'il n'est pas capable de bien juger ce qui convient au pays, et que vous pourriez admettre sans danger dans un collége spécial.

Enfin, dans ce système, où tous les intérêts divers doivent être représentés, il serait nécessaire que la propriété, qui réunit la plus grande masse d'intérêts, eût trois classes de représentation, de manière que la haute, la moyenne et la petite propriété fussent représentées séparément. Mais, pour établir l'équilibre, il faudrait que la haute et la petite propriété eussent un nombre égal de députés : car si les classes inférieures ont pour elles le nombre des individus, les classes supérieures réunissent en leur faveur la masse des intérêts matériels.

Un tel mode d'élection pourrait porter à plus d'un million le nombre des électeurs.

La seule objection qu'on pourrait faire contre lui, ce serait la multiplicité des colléges électoraux et les embarras qui en résulteraient pour l'administration.

Mais il faut d'abord remarquer qu'il n'y a que les intérêts principaux qui doivent être représentés, tels que le commerce et l'industrie, la propriété, l'université, les capacités intellectuelles, etc.

A l'exception de la propriété, qui exigerait un collége par arrondissement et par département, les autres branches se réuniraient dans des colléges divisionnaires composés de plusieurs départements. Pendant plus de vingt ans il y a eu en France un collége électoral par canton, par arrondissement et par département, et leur formation n'a pas présenté de difficultés.

CHAPITRE VI.

DE LA COMPOSITION DES COLLÉGES ÉLECTORAUX.

La Chambre élective est, comme nous l'avons dit plus haut, le ressort qui imprime le mouvement à la machine politique ; mais elle-même n'a qu'une force d'emprunt. C'est dans les colléges électoraux que réside la force motrice, c'est de là que part l'impulsion, c'est de là seulement que le gouvernement tire toute sa puissance. Ainsi, toute loi d'élection, en désignant les électeurs, n'a pour but que de placer le gouvernement sous la direction et l'influence de telle ou telle classe de la société.

De là plusieurs manières de composer les assemblées électives selon le caractère national et la situation morale et physique de la société.

Ainsi, dans une société où toute la propriété, la fortune et les lumières se trouvent concentrées dans une classe privilégiée qui en use largement envers le peuple, de manière à conserver toute sa confiance, on peut n'appeler que l'aristocratie dans le collége électoral, ou le composer de toute la multitude : le résultat sera à peu près le même. Il existe en faveur du riche une sorte de patronnage qui fait que le pauvre le préfère à ses égaux; son instinct lui dit qu'ils auraient trop besoin de penser à eux pour s'occuper de lui.

Mais, lorsque l'extrême division de la propriété et de la fortune, en nivelant tous les rangs, a fait disparaître toutes les sommités sociales, tous les priviléges héréditaires, a détruit tous les patronnages; lorsque l'aisance, plus généralement répandue dans toutes les classes, y a introduit ces demi-lumières qui éclairent moins qu'elles n'égarent, parce qu'elles donnent à chacun une trop haute opinion de lui-même, alors toutes les ambitions s'agitent, tous les amours-propres sont en présence, chacun est animé d'une soif d'indépendance qui n'est autre que le désir violent de dominer et de ne pas l'être. La société se divise d'elle-même, d'après la fortune, en diverses classes qui ont des intérêts et des opinions opposés ; la jalousie, la rivalité s'établissent d'homme à homme ; la société ne forme plus un corps homogène, elle est réduite en une poussière d'individualité ;

Si dans de telles circonstances vous appelez tous les citoyens indistinctement à nommer la représentation nationale, qu'arrivera-t-il ? Que les ambitieux, les intrigants, s'empareront des prolétaires en leur faisant espérer un sort meilleur ; et que ceux-ci, qui seront maîtres des élections, à cause de leur nombre, n'ayant aucun intérêt à fortifier l'ordre, sous un tel patronnage, s'uniront dans le but de démolir ce qui existe, afin d'avoir leur part des décombres. C'est dans cette intention qu'ils choisiront leurs mandataires.

Dans toutes les sociétés où la fortune a établi des inégalités de conditions, des intérêts différents, et où il n'existe plus de patronnage, l'élection populaire ne peut être admise qu'avec des restrictions.

Servius Tullius, voulant appeler tous les citoyens romains à délibérer sur les affaires publiques, divisa la population en 193 centuries, réparties en 6 classes, d'après une progression décroissante des fortunes. Il composa la première classe de 98 centuries, comprenant toute l'aristocratie ; il répartit tous les propriétaires dans les quatre classes suivantes, et rejeta les prolétaires dans une seule centurie, dont il forma la sixième classe. Il établit ensuite qu'on voterait par centurie, et que chacune n'aurait qu'une voix, quelle que fût sa population : par là l'aristocratie eut 98 voix sur 193. C'est à ce système ingénieux, sagement combiné, et conforme à la justice et à la raison, que Rome a dû sa prospérité et sa puissance.

Napoléon, cédant à la nécessité du moment et aux exigences des masses, n'osa détruire l'élection populaire; mais par le sénatus-consulte du 16 thermidor an 10 il l'entoura de telles précautions, qu'il rendit impossible toute manifestation de l'opinion publique.

Par suite de ce sénatus-consulte, les citoyens nommaient dans des assemblées de canton un certain nombre d'électeurs, pour composer deux colléges chargés d'élire les députés. Les électeurs du premier collége pouvaient être pris indistinctement dans tous les rangs de la société; mais les électeurs du collége départemental devaient être choisis dans une liste de six cents plus imposés dressée par le ministre.

Tous les légionnaires avaient droit de voter dans les colléges, et le premier consul avait en outre la faculté d'y nommer un certain nombre d'électeurs.

Les électeurs des deux colléges étaient nommés à vie, afin que leur opinion fût moins sujette à variation.

Après toutes ces précautions, les électeurs avaient-ils au moins le droit de nommer les députés? Nullement : ils présentaient seulement des candidats, et le sénat, présidé par le premier consul, choisissait.

Le mode des deux degrés d'élection ne me semble pas un remède suffisant pour corriger les inconvéniens de l'élection populaire : car, si le peuple est incapable de bien choisir les députés, il l'est aussi de bien choisir les électeurs.

Le mode d'élection par présentation de candidats a ce vice, qu'il exclut ordinairement toutes les capacités. Il est bien évident que le pouvoir, obligé de choisir entre des candidats qui lui déplaisent également, désignera de préférence le moins capable, comme ayant moins à le craindre. Le choix, dans ce cas, devient un brevet d'infériorité.

Le système électoral le plus conforme à la raison, c'est celui qui confie le choix des députés aux seuls citoyens capables de discerner ce qui convient aux besoins du pays, et en même temps intéressés au maintien de l'ordre et à la prospérité publique.

L'intérêt à la prospérité du pays se déduit de la possession d'une propriété, de l'exercice d'une industrie ou d'une profession qui attache au sol. Il peut encore se présumer quand on jouit d'une rente sur l'État, d'une pension, d'un emploi salarié, ou même gratuit, s'il est entouré de beaucoup de considération.

La capacité intellectuelle est présumable quand on a fait certaines études, ou bien quand on exerce une profession ou un emploi qui exige une intelligence développée, ou lorsqu'on jouit d'une aisance qui suppose d'ordinaire un jugement éclairé par l'éducation. En général, l'habitude des affaires suit la fortune.

Dans ce système, on est obligé de circonscrire l'élection dans d'étroites limites : car, les classes de la société devenant plus populeuses à mesure que l'on descend dans un rang inférieur de fortune, et leur instruction et leur intérêt à la prospérité du pays étant présumés en raison de leur aisance, on ne peut pas donner trop d'extension au droit d'élire. Il faut que la dernière classe admise dans le collége présente toutes les garanties, puisqu'en définitive c'est elle qui fera l'élection, comme étant la plus nombreuse.

Un mode aussi restrictif, et qui met en dehors des affaires publiques l'immense majorité des citoyens, peut suffire aux besoins d'un peuple indifférent, inactif, ou froid et réfléchi; mais il ne peut convenir long-temps à une nation vive, intelligente, exagérée dans tous les sentiments généreux, qui a besoin de mouvements, qui recherche les émotions vives quelles qu'elles soient, qui calcule peu, et se conduit ordinairement d'après les impulsions du cœur et de l'imagination, enfin qui hait par-dessus tout la monotonie de l'uniformité.

Chez un tel peuple, il faut que toutes les classes, ou au moins la portion la plus active de chacune, soient appelées à prendre part au mouvement; et le seul moyen de retirer tous les avantages de leur participation et d'en diminuer tous les inconvénients, c'est de les appeler séparément par nature d'intérêts, et non point par nuance d'opinions politiques, ainsi que je l'ai dit dans le chapitre précédent.

Dans l'état violent où se trouvent aujourd'hui toutes les sociétés d'Europe, ce système électoral me paraît préférable, et l'époque n'est peut-être pas éloignée où elles l'adopteront.

CHAPITRE VII.

DU PROJET DE LOI PRÉSENTÉ.

Il faut d'abord commencer par payer un juste tribut d'éloges à la loyauté et à la franchise qui ont présidé à la rédaction du projet. On voit que ses auteurs étaient pénétrés de cette grande vérité, que le gouvernement n'a rien à gagner en empêchant, en entravant d'une manière indirecte la manifestation de l'opinion publique; qu'il doit au contraire lui faciliter tous les moyens de se prononcer, de se mettre en évidence, afin qu'il puisse bien la connaître et marcher avec elle.

Le projet met le gouvernement à l'abri de toute accusation, en plaçant toutes les opérations électorales sous la surveillance des parties intéressées, et en autorisant un contrôle public. A cet égard, toutes les bonnes dispositions de la loi du 2 juillet 1828 sont maintenues, et il en est ajouté d'autres dont l'expérience avait montré la nécessité.

Les présidents des colléges électoraux et les autorités administratives y gagneront beaucoup, puisqu'ils n'auront plus à craindre ces reproches outrageants, ces calomnies odieuses, auxquels ils étaient continuellement en butte. Et si quelquefois la susceptibilité de l'honnête homme se trouve blessée d'être ainsi l'objet d'un contrôle qui semble l'effet d'une défiance injurieuse, ils sentiront que cette défiance n'a rien de personnel, puisqu'elle est autorisée par la loi, sans acception de personnes, et seulement pour prévenir des erreurs involontaires : car la fraude ne se présume pas. Enfin c'était là le seul moyen d'imposer silence aux partis, dont les passions ardentes sont toujours injustes quand il s'agit d'élection. Ne voulant pas avouer leur impuissance, ils ne manquent jamais d'attribuer leur défaite aux moyens honteux employés par leurs adversaires, afin de flétrir au moins leur victoire dans l'opinion : il fallait leur ôter tout prétexte de murmures.

Le projet est rédigé dans le même système que la loi du 5 février 1817. Il rassemble tous les intérêts divers dans un même collége, chargé d'élire directement. Je ne répéterai pas ce que j'ai dit plus haut contre ce système, qui me paraît vicieux en cela qu'il ne permet pas d'étendre le droit d'élire autant qu'il serait à désirer pour mettre en harmonie le corps électoral avec la garde nationale. Lumière, fortune et indépendance, telles sont les bases de ce mode d'élection.

Je vais examiner succinctement les diverses dispositions du projet, ou plutôt je vais résumer les principales objections qui se sont élevées contre lui : car la presse périodique l'a tellement décomposé, analysé, qu'il ne reste plus rien à dire de nouveau sur ce sujet.

CHAPITRE VIII.

DES CONDITIONS POUR ÊTRE ÉLECTEUR.

Le projet reconnaît deux titres d'admission dans les colléges électoraux, la propriété et les facultés intellectuelles. Il n'exige pas que ces deux titres soient réunis dans le même électeur. Ainsi, au lieu de fixer pour celui qui est admis au seul titre de la propriété une quotité de fortune telle qu'on puisse lui supposer un jugement éclairé par l'éducation, il se borne à fixer par département le nombre des propriétaires qui devront être admis. A l'égard de ceux admis pour leur capacité morale, il leur suffit de prouver par un diplôme qu'ils ont fait des études qui annoncent une intelligence développée ; mais ils sont dispensés de prouver leur intérêt à la prospérité du pays par la possession d'une fortune quelconque.

CHAPITRE IX.

DU CENS INDÉTERMINÉ ET DU CENS FIXE.

Les adversaires du projet trouvent de graves inconvénients à laisser dans le vague la quotité de la fortune nécessaire à un propriétaire pour être électeur; ils voudraient qu'elle fût fixée d'une manière invariable, et représentée par un cens déterminé de contributions.

Ils disent, en faveur de cette opinion, sous le rapport politique, que la qualité de propriétaire n'est pas une garantie suffisante aux yeux de la société, qu'il faut encore y réunir l'intelligence, la capacité morale; que cette capacité n'est présumable que dans les classes où une certaine aisance a appelé les lumières; qu'il faut donc, avant tout, fixer la quotité de fortune au-dessous de laquelle un jugement éclairé n'est pas supposable ordinairement.

Sous le rapport de la convenance des intéressés,

ils ajoutent que chacun ne pourra pas savoir s'il est électeur ou non, s'il sera conservé sur la liste l'année suivante ; quels sont les arrangements de famille, les acquisitions qu'il doit faire pour être assuré de rester électeur ; que cette mobilité dans le sens électoral détruit par le fait le principe de la permanence des listes consacrés par la loi.

Sous le rapport de l'exécution, ils disent encore que l'administration et les tiers intéressés, n'auront aucun moyen de connaître les plus hauts imposés ; que c'est ouvrir une porte immense à toutes les erreurs, à tous les abus, à toutes les fraudes : car, dans le système actuel, pour s'assurer de l'exactitude des listes, il suffit de vérifier si tel individu paie réellement les contributions qu'il a déclarées ; tandis que dans le nouveau système il faudra rechercher s'il n'existe pas d'autres personnes dans le département qui soient plus imposées que celles inscrites ; que cette recherche devient impossible, les noms et les biens de ces personnes étant inconnus ; que c'est rendre illusoire le contrôle des tiers, et livrer à l'administration la composition des listes.

Il y a du vrai dans toutes ces objections, mais il ne faut pas les pousser jusqu'à l'extrême.

On peut répondre à la première que, si la quotité de la fortune n'est pas tout-à-fait déterminée, elle l'est à peu près : car, en fixant le nombre des électeurs-propriétaires par département, on s'assure d'une manière indirecte que leur fortune ne descendra pas au-dessous de certaines limites.

Néanmoins, on voit que la réponse ne détruit pas entièrement l'objection : car on peut bien ne pas descendre très bas, et cependant descendre au-dessous de la classe éclairée. C'est précisément ce qui arrivera par le fait. Le projet de loi porte que, dans les arrondissements qui n'auront pas deux cents électeurs, ce nombre sera complété par les plus hauts imposés. Or il y a des arrondissements qui ne comptent aujourd'hui que vingt-cinq électeurs à 300 fr.; en y ajoutant les individus appelés à tout autre titre que celui de la propriété, ce nombre sera porté à cinquante environ. Ce sera donc cent cinquante plus hauts imposés au-dessous de 300 fr. qu'il faudra inscrire sur les listes; pour les obtenir il faudra descendre au-dessous de 150 fr. Et dans quelle partie de la France descendez-vous si bas? Dans les pays pauvres, dans les montagnes, où les lumières ne peuvent pénétrer, où l'éducation ne peut porter ses bienfaits, à cause de la médiocrité des fortunes.

Remarquez encore que la liste des électeurs doit servir à composer la liste des jurés. Confierez-vous la vie et l'honneur des citoyens à des hommes qui offrent si peu de garantie de capacité, je dirais même de probité et d'indépendance? Exigerez-vous d'un homme qui n'a qu'un revenu de 1,000 fr. pour sa nombreuse famille un déplacement de quinze jours pour venir exercer les fonctions gratuites et dispendieuses de juré? Non sans doute; vous le recuserez. Eh bien! cependant vous allez l'appeler à prononcer sur des questions bien autrement difficiles à juger; vous allez vous en rapporter à son jugement pour choisir les hommes les plus capables, les plus désintéressés, les plus dévoués au pays.

A la seconde objection on peut répondre que l'inconvénient signalé existait à l'égard des grands colléges, composés du quart des électeurs, et que cependant aucune plainte sérieuse ne s'est élevée contre ce mode de composition. Chaque individu, dans le doute où il était sur le taux d'admission au grand collége, déclarait toutes ses contributions.

Quant à la troisième objection, elle subsiste dans toute sa force à l'égard des individus qui ne veulent pas déclarer leurs contributions. Nul doute qu'il n'y a aucun moyen de les connaître. Et, dans le nouveau système, leur indifférence a ce grave inconvénient, qu'elle fait admettre dans les colléges des individus qui n'y ont pas droit, et que peut-être les partis ont fait inscrire d'office, parce qu'ils appartiennent à telle nuance d'opinion.

Les adversaires du cens fixe objectent contre sa fixation que, le prix des denrées étant plus élevé dans les grandes villes que dans les campagnes, où on les récolte, on est proportionnellement plus riche dans un village, dans une petite ville, avec 2,000 fr. de revenu, qu'avec la même somme dans une grande ville; qu'il n'est ni juste ni raisonnable d'établir un cens déterminé pour toute la France; que, si l'on veut, pour la facilité des électeurs, fixer une quotité de fortune, il faut alors procéder à une fixation spéciale pour chaque localité.

Cette objection est la plus forte contre le cens déterminé. Elle a été souvent répétée sans être réfutée; néanmoins elle n'est pas sans réplique.

Si l'on est plus riche dans les petites localités que dans les grandes villes avec le même revenu, il faut aussi convenir que les facultés intellectuelles y sont moins développées. Chez le citadin, l'intelligence est exercée continuellement; il acquiert de bonne heure l'expérience et l'habitude des hommes, par suite des nombreux rapports d'intérêts qu'il a avec eux. Chez le cultivateur, vous ne trouvez la même capacité que dans une classe de fortune plus élevée. Ainsi, l'on peut dire que, si l'aisance est moins chère dans les campagnes que dans les villes, les lumières sont plus généralement répandues dans les villes que dans les campagnes. Il faut donc exiger une fortune plus considérable chez le cultivateur que chez le citadin, pour qu'ils aient chacun la même somme de capacité : le cens déterminé satisfait à cette condition.

La seconde objection est celle-ci, que le cens doit varier avec la prospérité du pays, et que sa fixation ne peut jamais être que pour une courte période de temps. L'observation est très fondée; mais comme l'aisance générale ne varie pas d'une année à l'autre, il y a seulement lieu à procéder à une nouvelle fixation tous les dix ou quinze ans. C'est pourquoi la Charte de 1814 avait mal à propos déterminé la quotité du cens.

Enfin, l'on objecte encore que le gouvernement, en dégrevant les impôts, peut réduire à zéro la représentation nationale. Comme aucun dégrèvement ne peut être prononcé sans le consentement des Chambres, c'est à elles à introduire dans la loi du dégrèvement une disposition par laquelle le cens sera abaissé proportionnellement au dégrèvement accordé.

CHAPITRE X.

DE LA FIXATION DU NOMBRE DES ÉLECTEURS.

On pourrait peut-être avec plus de raison attaquer la disposition du projet de loi qui fixe d'une manière invariable le nombre des électeurs par département. Quelque base qu'on prenne pour faire cette fixation, elle sera toujours très arbitraire.

Sans doute la fixation d'un cens invariable est aussi très inexacte; mais au moins dans ce système il n'y a qu'une opération arbitraire, tandis que dans le système du projet il y en a deux.

En effet, comment êtes-vous arrivés à déterminer le nombre d'électeurs? Vous avez dit: Les lumières sont aujourd'hui généralement répandues dans les fortunes de 1,500 fr. de revenu, représentées par un cens fixe de 200 fr. Première fixation arbitraire.

Vous avez dit ensuite: Combien y a-t-il en France d'électeurs au-dessus de ce taux? Cent soixante mille environ; c'est à peu près le double du nombre inscrit sur les listes de 1830: établissons qu'à l'avenir le nombre des électeurs sera fixé dans chaque département au double de celui de 1830. Seconde fixation arbitraire, car ce nombre varie chaque année plutôt en plus qu'en moins, par suite de la division des grandes fortunes, et par suite aussi de l'accroissement de prospérité du pays.

N'est-il pas préférable de le laisser s'augmenter à mesure que la fortune publique s'accroît et que les lumières se répandent? Le gouvernement ne doit-il pas désirer vivement que le plus de citoyens possible soient appelés dans les colléges électoraux, afin de mieux connaître l'opinion générale? Pourquoi donc limiter ce nombre?

Une autre objection s'élève contre cette fixation. J'ai dit tout à l'heure qu'il faudrait descendre trop bas dans les campagnes pour compléter la liste électorale; le contraire arrivera dans les localités riches et industrielles : on atteindra le nombre sans descendre jusqu'à une limite convenable. Ainsi, dans quelques localités on appellera des incapacités, et dans d'autres on repoussera des capacités.

CHAPITRE XI.

DE L'ADMISSION DES FACULTÉS INTELLECTUELLES.

Les partisans de l'ancien système voient avec effroi admettre sans garantie de fortune les licenciés des trois facultés. Ils voudraient qu'on exigea d'eux l'exercice d'une profession analogue à leurs études, afin de s'assurer qu'ils sont attachés au sol, qu'ils sont intéressés à la prospérité du pays.

Ils disent à l'appui de cette opinion que le seul fait de la licence n'est pas un brevet de capacité, mais seulement d'aptitude; qu'elle constate qu'on a fait certaines études, qu'on a de la mémoire, et rien de plus; que celui qui n'est que licencié n'a point un état marqué dans la société; qu'il est aujourd'hui légiste, demain écrivain, un autre jour orateur de club; qu'il fait de tout, et se croit propre à tout; qu'il s'agite dans la société, n'y tenant aucune place, promenant son ambition de tout côté; qu'il peut n'être qu'un prolétaire, et qu'il n'est rien de plus dangereux qu'un prolétaire homme de talents; qu'il n'est pas sans inconvénient de l'introduire dans une assemblée de propriétaires et d'insdustriels peu habitués aux affaires politiques, où il exercera nécessairement une grande influence par la supériorité de son instruction et la facilité de la parole; qu'il sera souvent pour eux un fanal perfide qui les dirigera sur des abymes.

Ces craintes sont peut-être exagérées, mais elles ne sont pas sans fondement. Il y aurait sans doute plus de sûreté d'exiger dans chaque électeur la réunion des deux garanties, fortune et capacité.

L'esprit et le talent sont de leur nature cosmopolites; il n'arrive que trop souvent qu'ils sont le seul apanage d'ambitieux qui, n'ayant rien à perdre, rien à risquer, sont toujours prêts à sacrifier l'intérêt général à leur intérêt particulier. Au contraire, celui qui possède, dont la fortune, attachée au sol, éprouve toutes les variations de la fortune publique, celui-là, dis-je, n'avance qu'avec prudence et sûrement dans la carrière des innovations. Il ne risque pas légèrement une existence assurée pour les chances très incertaines que son ambition lui présente.

Néanmoins, comme il y a nécessité d'étendre la base du système électoral, qu'en repoussant des affaires publiques une foule de capacités qui veulent parvenir on ne fait que les tourner contre soi, que les rendre d'autant plus turbulentes qu'elles espèrent obtenir par la force ce qu'on leur refuse par défiance, ne serait-il pas préférable de les admettre avec de telles précautions qu'on n'ait pas à les craindre ? S'il est des capacités intellectuelles dangereuses, il en est d'autres qui, par leur position, offrent toutes les garanties. Au lieu de n'appeler que celles qui sont prouvées par diplômes, admettez aussi celles qui on fait leurs preuves dans l'exercice d'une profession ou d'une fonction publique. Celles-là seront le contre-poids des autres. Ainsi, que tous les notaires, tous les fonctionnaires publics recevant un traitement de 1,200 fr. au moins, soient inscrits sur les listes.

A ce mot de fonctionnaire public, on se récriera. Mais pourquoi cette défiance? seront-ils donc toujours placés en suspiscion? Sous le gouvernement libéral dont nous jouissons, doit-on craindre que leur vote ne soit pas libre? Le vote n'est-il pas secret? Comment pourrait-on torturer leur conscience? Cette adjonction sera-t-elle si considérable qu'elle puisse influer sur l'élection? Le moindre collége aura toujours près de trois cents électeurs; et dans un arrondissement, on compte environ quinze fonctionnaires qui seraient dans le cas d'être admis; et remarquez que plusieurs d'entre eux sont déjà électeurs à d'autres titres.

Le projet de loi admet encore les militaires jouissant d'une pension de retraite de 1,200 fr.: pourquoi ne pas étendre cette faveur à tous les pensionnaires de l'état, en maintenant le taux de 1,200 fr.? Les pensions civiles ne sont accordées qu'à des foncnaires retraités qui ont fait preuve de capacités pendant trente ans, ou à des services importants rendus à l'état. Ces pensionnaires ne doivent-ils pas inspirer la même confiance?

Enfin, pourquoi n'accorderait-on pas le même privilége à tout individu inscrit au grand-livre de la dette publique pour une rente de 12,00 fr. Si ce taux paraît trop faible, nous ferons observer que la capacité morale devrait encore se supposer même avec une rente moindre, à cause de la nature de la propriété. Ce n'est jamais un artisan, un habitant des campagnes, qui convertit toute sa fortune en rentes sur l'état; elles sont toujours possédées par de riches capitalistes, qui possèdent beaucoup d'autres valeurs en portefeuille.

Dira-t-on que ces individus ne présentent pas des garanties suffisantes, qu'ils ne sont pas attachés au sol, qu'ils portent leur fortune avec eux? Eh! qui doit être plus intéressé à la tranquillité publique, à la prospérité du pays, que les créanciers de l'état? Ils peuvent, il est vrai, réaliser leur créance en vingt-quatre heures; mais il en est de même de tout autre propriétaire, et ils ont ce désavantage de plus que, s'ils vendent par suite d'un désastre public, ce désastre a été suivi d'une baisse de fonds, et il faut qu'ils se soumettent à supporter la différence qui en est la suite.

Craint-on que les partis n'abusent de cette faculté d'acheter des rentes pour faire des électeurs de circonstances? Etablissez que la rente devra être possédée depuis deux ou trois ans.

Dira-t-on que les rentiers ne paient pas de contributions à l'état, et que ceux qui ne supportent point les charges de la société ne doivent pas participer à ses priviléges? C'est l'argument qu'on leur a opposé jusqu'à ce jour chaque fois qu'il a été question de les admettre ; mais aujourd'hui il tombe de plein droit, puisque vous avez écarté le principe en proposant d'admettre sans garantie de contributions les facultés intellectuelles et les militaires retraités.

Par le moyen de ces diverses adjonctions, on appellerait dans les colléges électoraux toutes les capacités, tous les intérêts qui se trouvent semés dans la société ; et si l'admission de quelques uns donnait des inquiétudes, elles devraient être rassurées par le contrepoids qu'elles trouveraient dans d'autres intérêts opposés.

Toutefois, les électeurs propriétaires, les électeurs commerçants et industriels, et ceux admis au titre des facultés intellectuelles, ayant des intérêts distincts et une position sociale tout-à-fait différente, je persiste dans cette opinion qu'ils devraient former des colléges séparés et avoir des représentants spéciaux. On pourrait accorder la moitié de la représentation nationale à la propriété, et l'autre moitié, par portions égales, aux facultés intellectuelles, et au commerce réuni à l'industrie.

CHAPITRE XII.

DE LA POSSESSION ANNALE ET DE LA RÉSIDENCE TRIENNALE ET DÉCENNALE.

Le projet maintient la possession annale pour la patente, ainsi qu'une année d'exercice de l'industrie sujette à patente. L'expérience a tellement démontré la nécessité de cette précaution, qu'elle n'a pas besoin de commentaire.

Mais il exige trois années de domicile réel pour

un officier en retraite, pour un docteur, et dix ans pour un licencié. La durée du domicile ne comptera-t-elle que du jour de la retraite et du diplôme obtenu? Le projet ne s'explique pas : d'où l'on doit conclure que, si on a les années de domicile exigées, on pourra être électeur le jour qu'on obtiendra sa retraite ou son diplôme.

Cette facilité peut donner lieu à des abus. C'est le gouvernement qui donne les retraites, ce sont les facultés qui délivrent les diplômes; les uns et les autres pourraient, dans certains cas, fabriquer des électeurs. Il est mieux d'exiger deux années de jouissance pour la pension de retraite et pour le diplôme.

CHAPITRE XIII.

DÉLEGATIONS DE CONTRIBUTIONS.

L'art. 10 modifie l'art. 5 de la loi du 29 juin 1820, relatif aux délégations des contributions des veuves. Il permet au père et à la veuve de faire autant d'électeurs parmi leurs fils qu'ils ont de fois la quotité d'impôts nécessaire. C'est une innovation importante dans notre système électoral et qui est sagement conçue : elle resserra les liens de la famille, et mettra plus d'harmonie dans les opinions des divers membres qui la composent.

Mais pourquoi établir que les petits-fils ne pourront recevoir une délégation qu'à défaut de fils de vingt-cinq ans, et les gendres qu'à défaut de petits-fils?

Si le père et la veuve ont la possibilité de faire

plusieurs électeurs, mais qu'ils n'aient qu'un fils, qui soit lui-même électeur, ou qui soit dans un état d'incapacité morale ou physique, ou qui professe d'autres opinions politiques que ses parents, pourquoi les empêcher de choisir parmi leurs petits-fils, gendres ou petits-gendres, frères ou neveux, celui ou ceux qui leur conviennent?

Que veut-on en définitive? Que toute la propriété soit représentée, et que toutes les capacités soient appelées dans les colléges? Eh bien! puisque vous avez confiance au jugement éclairé du père à cause de sa fortune, puisque vous vous en rapportez à lui pour le choix d'un député, fiez-vous aussi à lui pour choisir les membres de sa famille qui peuvent concourir à l'élection. Il est bien évident qu'il ne déléguera que ceux qui ont des opinions conformes aux siennes. Ce n'est que dans cette confiance que vous pouvez permettre la délégation, car le délégué ne vous présente aucune garantie par lui-même.

Il faudrait donc rédiger l'article à peu près en ces termes : « Le père ou la veuve pourront déléguer tout ou partie de leurs contributions à ceux de leurs fils, petits-fils, gendres, petits-gendres, frères ou neveux, qu'ils désigneront pour être électeurs. »

CHAPITRE XIV.

DE LA FORCE NUMÉRIQUE DES COLLÉGES.

L'art. 6 porte que, lorsque le nombre des électeurs appelés en l'art. 2 et en l'art. 3 ne s'élèvera pas à deux cents, il sera complété par l'inscription des citoyens les plus imposés.

Nous avons fait voir dans le chap. 9 que, pour

atteindre le nombre voulu, il faudrait quelquefois descendre si bas, qu'on ne trouverait plus aucune garantie de capacité dans les individus appelés comme supplémentaires. On éviterait cet inconvénient en fixant à cent le minimum du nombre nécessaire.

CHAPITRE XV.

DU DOMICILE POLITIQUE.

L'art. 11 porte que le domicile politique de tout Français est au lieu de son domicile réel; qu'il pourra néanmoins le transporter dans tout autre arrondissement où il paie une contribution directe, à la charge d'en faire la déclaration six mois d'avance.

Jusque là rien de mieux.

Mais le second paragraphe du même article établit que la translation du domicile réel n'emporte point la translation du domicile politique et ne dispense pas des déclarations.

Dans de certains cas, cette disposition ne peut se concilier avec celle du premier paragraphe.

Ainsi, par exemple, un électeur a aujourd'hui son domicile réel et politique dans la même commune où il ne paie que la personnelle; il transporte son domicile réel dans un autre arrondissement, et néglige de faire aucune déclaration à l'égard du domicile politique. D'après le second paragraphe de l'article, il doit le conserver dans la première résidence, mais il n'y paie plus de contributions à la fin de l'année, et il ne peut, aux termes du premier paragraphe, y conserver son domicile politique qu'autant qu'il est assis sur une contribution directe. Où donc aura-t-il son domicile politique?

Autre exemple : Un électeur a transporté par déclaration son domicile politique dans une commune où il ne réside pas; il vient à cesser de devoir la contribution à laquelle le domicile politique était attaché, et il n'a pas fait de nouvelles déclarations pour le transporter ailleurs : on demande où il votera.

Il y a nécessairement contradiction entre ces deux dispositions. Il fallait dire :

« Le domicile politique de tout Français est au lieu de son domicile réel, à moins qu'il ne l'ait transporté ou maintenu dans un autre arrondissement où il paie une contribution directe.

« La déclaration devient sans effet si la contribution cesse d'être due, et le domicile politique est réuni au domicile réel par ce seul fait. »

CHAPITRE XVI.

DE L'ÉLIGIBILITÉ.

J'entends depuis quelque temps agiter souvent cette question : Faut-il il exiger un cens d'éligibilité ? Je crois qu'elle serait bientôt décidée si on la posait ainsi : Faut-il laisser aux électeurs la faculté de composer la Chambre de prolétaires, hommes de talents?

Les partisans de l'éligibilité absolue, sans restriction, disent à leurs adversaires :

Pourquoi mettez-vous tant de précaution dans la composition des colléges électoraux? pourquoi ne voulez-vous y admettre que des hommes capables et intéressés à l'ordre? C'est afin de vous assurer de la bonté de leurs choix : s'ils sont capables, que craignez-vous? Ils ne prendront pas des hommes indignes de la confiance publique. Pourquoi les obliger à donner la préférence à celui-ci plutôt qu'à celui-là? Puisque vous avez confiance en eux, laissez-les faire : si par hasard ils veulent choisir un homme de talent, d'un mérite supérieur, qui ne paie point de contributions, mais qui jouit d'une fortune suffisante en capitaux placés, pourquoi voulez-vous les garrotter, les gêner dans leurs choix?

Ne savent-ils pas qu'un député ne recevant point de traitement, il faut exiger des candidats une fortune suffisante; que c'est le seul moyen de s'assurer de leur indépendance vis-à-vis du gouvernement? Si quelquefois des intrigants, des ambitieux, qui ne présentent aucune garantie à la société, parviennent à se faire élire à force de cabale, ces exemples seront rares, et il ne faut pas, pour une exception, entraver le choix des électeurs par une restriction qui serait en quelque sorte un outrage à leur capacité.

Mais on peut leur répondre : Les moyens que vous employez pour vous défendre sont précisément ceux qui vous condamnent. Si vous convenez qu'il faut exiger dans le député une fortune qui le place au-dessus du besoin, afin de le garantir de la séduction; si vous reculez vous-mêmes devant l'idée de voir la majorité de la Chambre composée de factieux, de brouillons, qui, n'ayant rien à perdre dans un mouvement, s'inquiètent peu de compromettre la tranquillité publique en essayant des théories de gouvernement; si vous ne proposez d'admettre l'é ligibilité absolue que dans l'assurance où vous êtes que les électeurs prendront des précautions que nous voulons leur imposer, pourquoi ne pas inscrire ces précautions dans la loi ? Puisque vous en reconnaissez la nécessité, n'est-il pas prudent d'en faire une obligation aux électeurs? Songeront-ils toujours à s'assurer de la situation financière des candidats? n'est-il pas très facile de les tromper sur cette matière? Personne ne connaît les affaires d'un homme dont la fortune est dans son portefeuille. Enfin, où est le mal de prendre deux précautions au lieu d'une?

CHAPITRE XVII.

DU MOYEN D'ASSURER L'EXACTITUDE DES LISTES ÉLECTORALES.

Le projet de loi ne contient point de dispositions nouvelles pour assurer l'exactitude des listes électorales; il ne fait que maintenir celles qui ont été établies par la loi du 2 juillet 1828, que l'expérience a démontrées tout-à-fait insuffisantes.

Par suite du principe de la permanence des listes, les électeurs une fois inscrits n'ont plus besoin de produire annuellement la preuve qu'ils paient encore le cens pour être maintenus; c'est à l'administration, ou aux tiers intéressés, à leur prouver qu'ils ne sont plus imposés suffisamment pour pouvoir opérer ou provoquer leur radiation.

Examinons si le préfet a à sa disposition les moyens nécessaires pour s'assurer, pendant le court espace qui lui est accordé, de la réalité des droits de chaque électeur.

Quatre moyens de vérification lui sont offerts, savoir :

1° Les rôles des contributions directes;

2° Les registres des receveurs de l'enregistrement;

3° Les renseignements fournis par les maires et les percepteurs, dans les assemblées cantonnales;

4° L'investigation des tiers.

Des rôles des contributions directes.

Pour se faire une idée exacte de l'insuffisance de ce moyen de vérification, il faut connaître l'état actuel des rôles.

Les agents des contributions directes n'opèrent les mutations sur les rôles que sur la déclaration des parties intéressées. Comme celles-ci ne sont point obligées à cette déclaration, et qu'il leur est fort indifférent de payer les impôts sous leur nom personnel ou sous celui de l'ancien propriétaire, elles négligent le plus souvent cette formalité. La suite de cette négligence est de maintenir sous le même nom pendant plusieurs années des cotes qui ont changé plusieurs fois de possesseurs. Dans les pays de petite culture, où la propriété est très divisée, ces irrégularités de rôles sont fort nombreuses.

Il faut remarquer encore que beaucoup de cotes indivises sont possédées par plusieurs copropriétaires, soit par suite d'héritage, soit par suite d'acquisition; que ces cotes sont inscrites sous le nom d'un seul et acquittées par lui, ses copropriétaires lui tenant compte de ce qu'il a payé en leur acquit.

Ansi, de ce qu'une cote est inscrite sous le nom d'un électeur, il n'en résulte pas qu'elle lui appartienne encore soit en totalité, soit en partie.

De ce qu'il n'existe sur les rôles aucun article au nom de tel individu, il n'en résulte pas qu'il ne paie plus le cens électoral.

Le préfet ne peut donc pas se servir des rôles des contributions pour opérer la vérification annuelle des droits électoraux.

Des registres des receveurs de l'enregistrement.

Comme la propriété est supposée appartenir au même propriétaire tant que l'acte qui la transmet à un autre n'a pas été enregistré, on pourrait sans doute, en dépouillant avec beaucoup de soin les registres des receveurs de l'enregistrement, retrouver les véritables propriétaires des moindres parcelles, et connaître la fortune foncière de chaque individu. Il faudrait pour y parvenir avoir un compte ouvert pour tous les propriétaires. Un tel travail serait immense, et exigerait une armée d'employés pour l'exécuter et le tenir au courant.

Néanmoins quelques préfets ont voulu tirer parti de ce moyen pour connaître seulement les mutations survenues pendant l'année à l'égard des propriétés possédées dans le département par les électeurs. En conséquence, ils ont ouvert un compte à la préfecture pour chaque électeur inscrit sur la liste. Une liste électorale a été remise à chaque receveur de l'enregistrement, et il leur a été recommandé à tous, chaque fois qu'ils enregistreraient un acte transmissible de propriété concernant un électeur, d'en prendre note en désignant la propriété acquise ou cédée ainsi que sa contenance. Le relevé de toutes ces notes était adressé par trimestre au préfet, qui le communiquait au maire de la situation des propriétés, afin qu'il fît connaître le n° de l'état de section auquel elles se rapportaient et le revenu imposable. L'état était ensuite adressé au contrôleur, qui indiquait l'impôt qu'elles supportaient. Dans le compte ouvert à la préfecture pour chaque électeur, on annotait la diminution ou l'augmentation survenue dans ses impôts pendant le trimestre.

Ce travail était long et demandait beaucoup de soin. On reconnut bientôt qu'il s'y glissait trop d'erreurs ou d'omissions pour que le préfet pût s'y confier entièrement sans compromettre sa responsabilité. Les similitudes de noms et de prénoms faisaient souvent attribuer à un électeur ce qui concernait un de ses parents, et le receveur de l'enregistrement ne pouvait point s'apercevoir de son erreur lorsque l'électeur lui était inconnu et demeurait hors du canton.

On ne pouvait point connaître non plus, par cette opération, les mutations survenues dans les propriétés possédées par les électeurs hors du département, ni celles relatives aux propriétés qui ne leur appartenaient point et dont ils comptaient les contributions par délégation, ou comme tuteurs de leurs enfants mineurs, ou du chef de leurs femmes.

L'insuffisance de ce moyen, très compliqué et sans résultat bien exact, l'a fait abandonner, d'autant plus qu'il n'était relatif qu'à la contribution foncière et qu'il fallait toujours se livrer à d'autres recherches pour les trois autres contributions directes.

De renseignements fournis par les maires et les percepteurs dans les assemblées cantonnales.

Il semble d'abord, au premier aperçu, que les maires et les percepteurs doivent connaître très exactement la situation des familles fixées dans leur commune et des propriétés comprises dans leur territoire. L'expérience m'a prouvé le contraire. Si un bien est affermé et que le propriétaire demeure hors du canton ou du département, le maire, le percepteur et le fermier lui-même peuvent très bien ignorer les arrangements survenus dans la famille de celui-ci. Ainsi il peut avoir fait donation de tout ou partie de ses biens à ses enfants; il peut avoir donné l'usufruit à sa fille par contrat de mariage; si le bien appartenait à sa femme, il peut, par suite de son décès, n'en être plus que l'administrateur pour le compte de ses enfants majeurs, sans que le fermier ait aucune connaissance de ces arrangements. Et quant au maire et au percepteur, ils ne connaissent que le fermier, avec lequel ils ont des rapports pour le paiement des impôts et des charges communales. Les ventes même ne sont connues que plusieurs mois après, si elles ont été passées et enregistrées hors du canton ou du département.

Dans tous ces cas, les maires des communes rurales ne songent pas même à élever des doutes dans l'assemblée cantonnale.

Il en est de même à l'égard de l'impôt des portes et fenêtres. Ils l'attribuent toujours en totalité au propriétaire quand il habite sa maison, sans faire la déduction de la part des autres locataires, s'il y en a

S'agit-il d'une patente, ils l'attribuent tout entière à celui qui exerce l'industrie, sans faire observer qu'il a des associés, et que le droit fixe de la patente doit se diviser entre eux tous.

Je pourrais citer une foule d'exemples de l'inexactitude des renseignements fournis par les maires et les percepteurs. La loi n'appliquant aucune peine à ce fait, ils mettent peu de soin à les recueillir, et certifient le plus souvent, sous leur responsabilité personnelle, sans les lire, et par complaisance, tous les extraits qui leur sont présentés, soit par l'électeur, soit par des tiers. Il en est même qui ne se font pas de scrupule de tromper l'administration en dissimulant la vérité, sous prétexte qu'ils ne la connaissent pas.

De l'investigation des tiers.

L'investigation des tiers, qui serait mieux nommée l'inquisition des partis, serait un bon auxiliaire pour l'administration s'ils agissaient tous avec la même activité. Par malheur il n'y en aura jamais qu'un seul qui exercera publiquement un contrôle sur les listes, et encore ne l'exercera-t-il qu'à l'égard de ses antagonistes. Il ne faut donc pas attendre un résultat bien satisfaisant de l'intervention des tiers. Ceux qui se livrent à ces sortes de recherches n'ont pas à leur disposition les mêmes moyens que l'administration; et si elle est souvent induite à erreur, ils doivent errer plus souvent qu'elle.

De ce qui précède il résulte que le préfet n'a aucun moyen certain de s'assurer qu'un électeur inscrit sur les listes précédentes paie encore le cens électoral; conséquemment, qu'il ne peut d'office, et sans le concours des électeurs eux-mêmes dresser une liste régulière. A l'exception de quelques circonstances fort rares, l'électeur sait parfaitement la position de sa famille et les modifications survenues dans ses propriétés ou dans son industrie pendant l'année ; il peut bien ignorer la quotité de ses impôts, mais non la situation de ses biens. Il n'y a que lui seul qui puisse fournir à cet égard des renseignements exacts.

Il faut donc que le concours de chaque électeur soit obligatoire, aux termes de la loi : car, s'il est facultatif, il pourra bien dans de certains cas ne pas fournir les explications qui lui seraient demandées, ou répondre d'une manière évasive.

Ce concours de l'électeur se bornera à une simple déclaration des mutations survenues dans ses propriétés par actes authentiques pendant l'année ; mais il est nécessaire qu'il soit responsable de cette déclaration pour en assurer l'exactitude. Cette responsabilité, du reste, ne l'entraînera dans aucun déplacement, dans aucune vérification dispendieuse ou pénible. Il en serait autrement s'il s'agissait de la déclaration de ses impositions : car alors, avant que de la faire, il serait obligé d'aller s'assurer, sur les rôles de toutes les communes où il est imposé, du montant de ses contributions, tandis qu'il est impossible qu'il ne sache pas exactement s'il est propriétaire de tel immeuble, s'il est locataire de telle maison, depuis quelle époque il exerce une industrie, s'il a des associés, etc.

Il serait donc bien nécessaire d'ajouter à la loi une disposition à peu près conçue en ces termes :

« Au premier juillet de chaque année, le préfet « adressera à chaque électeur déjà inscrit sur les

« listes précédentes un bordereau de tous les articles « de rôles qui le concernaient lors de la clôture de « la dernière liste. Le bordereau énoncera sous quel « nom les articles étaient portés au rôle, et la part « de l'électeur dans les cotes indivises.

« Avant le 25 juillet suivant, l'électeur sera tenu « de renvoyer au préfet le bordereau, en déclarant « à la suite de chaque article si la propriété, la lo- « cation, la patente ou l'industrie qui y donne lieu, « n'ont éprouvé aucun changement pendant l'année. « Le préfet, d'après cette déclaration, fera vérifier « à la direction des contributions directes quelle est « la quotité des contributions de l'électeur, et le « maintiendra, s'il y a lieu.

« Faute d'avoir transmis la présente déclaration « dans le délai voulu, et s'il n'a pu recueillir d'office « des renseignements suffisants, le préfet raiera l'é- « lecteur sur la liste du 15 août, à la charge de le « rétablir, dans le cas de nouvelles productions.

« Si l'électeur a fait une nouvelle déclaration, il « sera passible d'une amende. »

Rédigée ainsi, on voit que la déclaration demandée n'a rien d'inquiétant, rien de gênant pour l'électeur. S'il a quelques motifs particuliers de dissimuler ses arrangements de famille, il garde le silence, et le préfet le raie sur la liste du 15 août. Mais au moins cette radiation n'est opérée qu'avec la certitude que l'électeur a été mis en demeure, et qu'il n'aura aucun droit de se plaindre. Dans le système du projet de loi, il n'en sera pas ainsi. Aux termes du second paragraphe de l'art. 21, le préfet devra faire notifier à l'électeur la décision provisoire qui le retranche de la liste du 15 août; mais le préfet pourra-t-il baser cette décision sur une simple présomption ? Non, car l'électeur ne manquerait pas de se plaindre qu'on lui cherche chicane à cause de ses opinions politiques. Le préfet, dans le doute, le maintiendra; et comme après le 15 août il ne pourra plus être prononcé de radiation que sur la réclamation des parties intéressées, si personne ne réclame contre cet électeur indûment conservé, il ne pourra être rayé, quand bien même le préfet acquerrait plus tard la preuve qu'il ne paie plus le cens. La déclaration que je propose a ce double avantage, de simplifier beaucoup les opérations de l'administration, et de les mettre à l'abri de toutes les attaques.

CONCLUSION.

Je ne poursuivrai pas plus loin cet examen. J'ai indiqué seulement les principales objections. La discussion des détails serait fastidieuse dans une brochure ; elle ne convient qu'à la tribune. Quant au système que je propose, je n'en ai dit que peu de mots : ce sont quelques idées que je jette en avant, et que je soumets à la méditation du public.

C'est un fait, c'est une vérité incontestable, qu'aujourd'hui tous les intérêts veulent être représentés, veulent prendre part au mouvement, et que cependant, dans le mode d'unité d'élection, on ne peut les admettre sans compromettre la bonté des choix. Il faut donc ou trouver une autre combinaison qui les appelle sans danger, ou fortifier le gouvernement contre leurs prétentions.

Lorsqu'un torrent grossi par les orages s'agite, se gonfle, et menace de déborder, le riverain, conant dans la force de ses digues et trop avare de son champ pour abandonner l'espace nécessaire à son impétuosité, se hâte d'exhausser les bords. Mais la violence des eaux, devenant plus grande à mesure qu'elles s'élèvent dans le lit étroit où l'on veut les contenir, renverse les digues, anéantit le riverain imprudent, et submerge au loin la campagne. Alors d'autres colons plus habiles ouvrent de tous côtés au torrent de larges canaux ; ses eaux s'y précipitent, et, bientôt ralenties à force de s'étendre et de se disséminer, elles finissent par couler paisiblement entre de faibles rivages.

Députés des départements, vous aurez à choisir entre ces deux moyens de diriger le torrent populaire. Une grande et noble tâche vous est confiée ; vous tenez dans vos mains les destinées de la France.

En vain deux partis que je crois de bonne foi, mais égarés par de brillantes théories ou par des craintes chimériques, veulent vous entraîner, l'un dans des concessions funestes, l'autre dans des restrictions imprudentes ; en vain l'on vous montre d'un côté l'anarchie, de l'autre on vous menace de la disgrâce du peuple : vous serez, dans cette grande circonstance, inaccessibles à tous sentiments personnels. Quelque enivrante que soit la faveur populaire, vous vous souviendrez qu'inscrire dans les lois des concessions dangereuses, c'est organiser l'anarchie, c'est élever une barrière insurmontable au rétablissement de l'ordre. Vous ne sacrifierez point votre pays à cette popularité d'un jour : car vous savez que le peuple, par un juste retour, briserait bientôt l'idole qu'il aurait si follement encensée.

FIN.

www.ingramcontent.com/pod-product-compliance
Ingram Content Group UK Ltd.
Pitfield, Milton Keynes, MK11 3LW, UK
UKHW031957260826
14628UKWH00005B/2118

9 782014 108613